Muhammad Umer Khan
Saad Abdullah
Sana Fatima

Filtragem de URL em tecnologias de acesso de banda larga (URL-FiBat)

Muhammad Umer Khan
Saad Abdullah
Sana Fatima

Filtragem de URL em tecnologias de acesso de banda larga (URL-FiBat)

ScienciaScripts

Imprint

Any brand names and product names mentioned in this book are subject to trademark, brand or patent protection and are trademarks or registered trademarks of their respective holders. The use of brand names, product names, common names, trade names, product descriptions etc. even without a particular marking in this work is in no way to be construed to mean that such names may be regarded as unrestricted in respect of trademark and brand protection legislation and could thus be used by anyone.

Cover image: www.ingimage.com

This book is a translation from the original published under ISBN 978-3-659-82665-8.

Publisher:
Sciencia Scripts
is a trademark of
Dodo Books Indian Ocean Ltd. and OmniScriptum S.R.L publishing group

120 High Road, East Finchley, London, N2 9ED, United Kingdom
Str. Armeneasca 28/1, office 1, Chisinau MD-2012, Republic of Moldova, Europe
Printed at: see last page
ISBN: 978-620-3-92723-8

RESUMO

Com o rápido progresso da Internet e da Web em todo o mundo, surgiram também alguns problemas. O mais importante de todos é o conteúdo indesejado e irritante na Web.

Esta tese propõe a arquitetura de um sistema que filtra os pedidos de URL com base numa política que será definida no servidor. Esse servidor será controlado apenas pelo administrador que pode acrescentar, apagar e modificar políticas. A filtragem baseada no conteúdo será efectuada capturando os pedidos HTTP da Web e filtrando o conteúdo de acordo com a política. A pesquisa de conteúdos é uma pesquisa baseada em texto. As palavras-chave introduzidas pelos administradores são filtradas se aparecerem na página Web solicitada.

O administrador tem sessão iniciada e introduz as políticas através de uma aplicação Web. A utilização deste servidor proxy permite a uma série de utilizadores, desde o administrador da rede a um cliente doméstico, filtrar o tráfego de rede do seu browser.

DEDICAÇÃO

Dedico esta tese aos meus pais, aos meus professores e à minha irmã mais nova Maryum (LATE)

-NC Muhammad Umer Khan-

Dedico esta tese aos meus pais, que sempre me apoiaram, aos meus professores e à minha irmã Humaira

Batool, que sempre me encorajou a acreditar em mim própria.

-NC Sana Fatima-

Dedico esta tese aos meus pais, aos meus professores e aos meus amigos que sempre me apoiaram.

-NC Saad Abdullah Gondal-

RECONHECIMENTO

Gostaríamos de agradecer a Alá Todo-Poderoso pelas suas incessantes bênçãos que nos foram concedidas.

Estamos igualmente gratos às nossas famílias pelo seu apoio moral contínuo, que faz de nós o que somos.

Estamos extremamente gratos ao nosso supervisor do projeto, o Dr. Ashraf Masood, e ao Dr. Sarmad Sadiq da MCS que, para além de fornecerem ajuda técnica e orientação valiosas, também nos deram apoio moral e nos encorajaram ao longo do desenvolvimento do projeto. Estamos muito gratos a todos os nossos professores e funcionários da MCS que nos apoiaram e orientaram ao longo do nosso curso e trabalho de investigação. Os seus conhecimentos, orientação e formação permitiram-nos realizar este trabalho de investigação.

Por último, estamos gratos ao corpo docente do Departamento de Informática do Colégio Militar de Sinais, NUST.

No final, gostaríamos de agradecer o apoio dado por todos os nossos amigos, colegas e uma longa lista de simpatizantes cujas orações e fé em nós nos impulsionaram para o nosso objetivo.

Índice

Capítulo 1 Introdução

1.1 Introdução

Este documento destina-se a apresentar uma descrição pormenorizada do sistema de filtragem de URL em tecnologias de acesso de banda larga (URL-FiBat). Explicará o objetivo e as caraterísticas do sistema, as interfaces do sistema, o que o sistema fará, as restrições sob as quais deve funcionar, como o sistema reagirá a estímulos externos, como o sistema é concebido e implementado, os testes do sistema e como poderemos utilizar o sistema no futuro.

1.2 O que é a filtragem de URL?

A filtragem de URL é um mecanismo para bloquear o acesso a determinados tipos de sítios Web. Normalmente, a razão para utilizar a filtragem de URL é conseguir uma maior produtividade e reduzir a utilização da largura de banda. Ao bloquear apenas a publicidade e os sítios de partilha de ficheiros (p2p), a utilização da largura de banda da Internet pode diminuir consideravelmente. Um filtro de URL pode também bloquear sítios para adultos e impedir o acesso a sítios onde um indivíduo pode copiar um documento interno para um sítio Web público com um ou dois cliques no rato. Por último, um filtro de URL pode proteger a infraestrutura de TI, bloqueando o acesso a sítios Web que se apresentam como "seguros" mas que não o são.

1.3 Antecedentes

Com o rápido progresso da Internet e da Web em todo o mundo, surgiram também alguns problemas. O mais importante de todos é o conteúdo indesejado e irritante na Web. Por exemplo;

a.   Temas sensíveis do ponto de vista religioso

b.   Pornografia

c.   Questões políticas

d.   Conteúdo abusivo

e.   Imagens e conteúdos que invocam o terrorismo

Todas estas questões são muito sensíveis e precisam de ser tratadas. Ao mesmo tempo, o bloqueio de todo o sítio Web não é uma abordagem prática. Em vez de bloquear o sítio Web completo, devem ser bloqueados os conteúdos específicos. A filtragem de URLs proporciona uma forma de controlar o acesso a vários tipos de páginas Web através dos navegadores de Internet. A utilização deste serviço dá aos administradores de rede a capacidade de controlar e monitorizar os sítios Web a que os utilizadores podem aceder.

1.4 Problema abordado

Os problemas que estão a ser focados pelo projeto são:

a.   Capacidade de filtragem e bloqueio de URL, desde o nível do domínio até à subpasta, níveis de ficheiros e tipos de ficheiros.

b.   Bloqueio de um conteúdo específico de um sítio Web.

c.   Capacidade de intercetar o fluxo em ambas as direcções (tráfego de entrada ou de saída).

O sistema deve centrar-se nos seguintes aspectos:

d.   Mecanismos de filtragem

O verdadeiro risco para as crianças é o conteúdo dinâmico da Internet, como as mensagens instantâneas, as salas de conversação, etc.

e.   Problemas técnicos e de desempenho

O número de URLs não é o problema; é antes o ato de inspecionar o tráfego para obter o URL que tem os custos de desempenho.

f.   Questões gerais

O acesso à lista negra deve ser restringido, de modo a que os FSI tenham de concordar com os níveis de proteção da lista. Apesar disso, é provável que a lista seja objeto de fugas.

1.5 Objectivos

a.   O nosso objetivo é criar um sistema que filtre os pedidos de URL com base numa política que será definida no servidor. Esse servidor será controlado apenas pelo administrador que pode adicionar, apagar e modificar políticas.

b.   A filtragem baseada no conteúdo será efectuada através da captura dos pedidos HTTP da Web e da filtragem do conteúdo de acordo com a política.

c.   Outro aspeto importante do nosso sistema será a disponibilidade da largura de banda. Os nossos algoritmos de filtragem não devem afetar a largura de banda da rede.

1.6 Objectivos

Os objectivos do nosso projeto incluem:

a.   Para aprender os conceitos de filtragem da Internet

b.   Compreender a configuração e a arquitetura dos servidores e filtros Proxy

c.   Aprender diferentes técnicas para bloquear o conteúdo
d.   Para conhecer os mecanismos de Pesquisa Avançada e de filtragem
e.   Desenvolver uma aplicação Web para o utilizador final da Web

1.7   Prestações de serviços

Os resultados do projeto são:

a.   Servidor de filtragem baseado em proxy
b.   Aplicação Web para utilizadores finais
c.   Documentação/Manual do utilizador

Capítulo 2 Revisão da literatura

2.1   Lula

O Squid é um servidor proxy de cache que suporta HTTP, HTTPs e FTP. A principal tarefa do squid é reduzir a largura de banda e melhorar os tempos de resposta. O servidor faz isso armazenando em cache e reutilizando páginas da Web frequentemente solicitadas. O Squid é um acelerador de servidor e adquire controlos de acesso extensivos. Funciona em quase todos os sistemas operativos populares e mais utilizados e está também licenciado pela GNU GPL. O fluxo de dados entre o cliente e o servidor é optimizado pelo Squid de modo a melhorar o desempenho e coloca em cache o conteúdo frequentemente utilizado para poupar largura de banda. O Squid tem a capacidade de rotear. O servidor do Squid deve usar IPTABLES. Normalmente a estrutura de configuração do Squid é a seguinte Declaração de caminho, Grupo de origem, Grupo de destino, Regras de controlo de acesso.

2.2   Microsoft ISA

O Microsoft ISA Server (Internet Security and Acceleration Server) surgiu após o Microsoft Proxy Server 2.0 e faz parte dos produtos Microsoft desenvolvidos com suporte .NET. O servidor ISA fornece dois serviços básicos: Uma firewall empresarial e um servidor web proxy/cache. O servidor ISA tem uma firewall que mantém um controlo de todo o tráfego ao nível dos pacotes, dos circuitos e das aplicações. O servidor também mantém uma cache Web que armazena e serve todos os conteúdos Web regularmente acedidos, de modo a reduzir o tráfego de rede e a proporcionar um acesso mais rápido às páginas Web frequentemente acedidas. O servidor ISA também programa o descarregamento de actualizações de páginas Web para horas de menor tráfego.

Os administradores podem criar políticas para regular a utilização com base no utilizador, na agenda do grupo, no destino, nos critérios de tipo de conteúdo e na aplicação. O servidor ISA possui um kit de desenvolvimento de software (SDK). O servidor ISA possui uma arquitetura de vários níveis e um motor de políticas avançado que proporciona um controlo granular do equilíbrio entre o nível de segurança e os recursos necessários ao utilizador. O ISA Server tem a capacidade de lidar com grandes quantidades de tráfego em comparação com outras organizações, uma vez que possui um servidor de ponta que liga muitas redes. É por isso que foi concebido para um elevado desempenho. A ligação à Internet pode ser protegida pelo ISA Server. Para proteger o acesso de saída para o Protocolo de Transferência de Hipertexto (HTTP), uma implementação predefinida típica do ISA Server requer configurações de hardware específicas para várias ligações à Internet.

2.3 HTTP

O Protocolo de Transferência de Hipertexto (HTTP) é um protocolo da camada de aplicação para sistemas de informação colaborativos, distribuídos e hipermédia. Podemos dizer que a base da comunicação de dados para a World Wide Web é o HTTP. O HTTP foi concebido no âmbito do Internet Protocol Suite e é um protocolo da camada de aplicação. A definição de HTTP inclui um protocolo da camada de transporte subjacente e o Protocolo de Controlo de Transmissão (TCP). Por outro lado, o HTTP também pode utilizar protocolos não fiáveis como o User Datagram Protocol (UDP). Cada recurso HTTP tem um identificador único de acordo com a sua localização na Internet, designado por Identificadores Uniformes de Recursos (URIs) ou, mais especificamente, Localizadores Uniformes de Recursos (URLs). Os URIs e as hiperligações formam a Web de documentos de hipertexto interligados em Hypertext Markup Language (HTML).

2.4 DNS

O Sistema de Nomes de Domínio (DNS) é uma tecnologia que gere os nomes e outros domínios Internet dos sítios Web. Esta tecnologia permite que os utilizadores escrevam o nome do sítio Web no browser e traduz automaticamente o nome do sítio Web para o endereço IP do domínio. Para desempenhar corretamente as suas funções, o DNS deve dispor de uma coleção mundial de servidores DNS. Pode dizer-se que um servidor DNS é o domínio registado que tem um endereço IP certificado. Um servidor DNS possui uma base de dados de nomes de redes com os respectivos endereços e os anfitriões da Internet. O DNS é um sistema distribuído e tem servidores de raiz que contêm a base de dados completa de nomes de domínio e endereços IP. Outros servidores DNS estão instalados em níveis inferiores e mantêm apenas determinadas partes da base de dados global, conforme exigido pelos utilizadores do domínio.

2.5 Reescrita de URL

A função de alterar ou modificar a estrutura do URL de uma página web é designada por reescrita de URL. O objetivo dos URLs reescritos é fornecer ligações mais curtas e mais relevantes para as páginas Web. A técnica separa os ficheiros efetivamente utilizados para gerar uma página Web e o URL que é apresentado ao mundo exterior. A reescrita de URLs faz com que o URL e o recurso a que conduz sejam completamente independentes um do outro. Na realidade, não são completamente independentes: o URL tem normalmente um código, um nome ou um número com o qual o CMS pode procurar o recurso. Mas, de acordo com a teoria, a reescrita de URL proporciona a separação completa. As tarefas de manipulação de URL executadas pela reescrita de URL são: define regras poderosas para traduzir os URL complexos em endereços Web simples e consistentes. O servidor DNS pode facilmente substituir os URL das aplicações Web para , produzindo resultados amigáveis para os motores de busca e os utilizadores. Além disso, o servidor DNS desempenha funções como redirecionar, enviar respostas personalizadas ou parar os pedidos HTTP com base na lógica expressa nas regras de reescrita. Dependendo dos metadados do pedido ou dos segmentos de URL, o servidor DNS controla o acesso ao conteúdo do sítio Web.

2.6   UfdbGuard

O UfdbGuard é um filtro de URL existente. Para além de bloquear sítios Web indesejados e conteúdos indesejados, o ufdbGuard também tem a capacidade de configurar os grupos de diferentes políticas de acesso à Web, aplicação do SafeSearch, regras de acesso baseadas no tempo, deteção de túneis SSH, tráfego HTTP mais seguro e pode ser utilizado com várias bases de dados de URL. O UfdbGurad também pode bloquear o Tor, os túneis SSH, os túneis VPN e o UltraSurf. O Squid e o UfdbGuard trabalham em conjunto para fornecer uma filtragem de URL de alto nível.

2.7   Abrir DNS

O OpenDNS é um servidor de filtragem de conteúdos que funciona substituindo o servidor DNS atual e permite ao utilizador filtrar todas as ligações que saem do domínio principal ou do router da rede. Tudo será filtrado pelo OpenDNS, mesmo que alguém esteja a utilizar o ambiente de trabalho principal ou a ligar-se à rede sem fios através de um computador portátil. Além disso, as regras, listas negras e listas brancas podem ser personalizadas para uma gama específica de filtros.

2.8   K9

O K9 é um sistema de filtragem da Web. A principal funcionalidade do K9 é o facto de dividir o conteúdo filtrado em mais de 60 categorias, o que facilita o bloqueio e o desbloqueio de grandes partes das listas negras sem ter de sujar as mãos. O K9 é uma aplicação de ambiente de trabalho; o software é instalado e, em seguida, efectua um teste de todos os pedidos de acesso à Internet que o utilizador faz em relação aos filtros especificados. O K9 introduz a Classificação Dinâmica em Tempo Real para ultrapassar as limitações de trabalhar a partir de uma base de dados estática, para aceder ativamente ao conteúdo dos sítios Web e bloqueá-los se se enquadrarem nas categorias de filtros selecionadas pelo administrador da rede.

Capítulo 3 Especificação dos requisitos do sistema
3.1   Introdução

As principais funções que serão fornecidas pelo nosso produto são:

a.   Bloquear os pedidos de URL não desejados

b.   O sistema teria a capacidade de intercetar o fluxo em ambos os sentidos (tráfego de entrada ou de saída).

c.   Bloquear os sítios Web que contenham algumas palavras-chave, por exemplo, conteúdo abusivo ou para adultos.

d.   Manter a base de dados de URLs e palavras-chave não desejados

e.   A base de dados principal será instalada localmente com suporte para atualizar a base de dados a partir da rede.

O nosso sistema está dividido em três módulos:

a)   Bloqueador de URL

b)   Sistema de filtragem de conteúdos

c)   Implementação de políticas

3.2   Funcionalidade de sistema 1: Bloqueador de URL
3.2.1 Descrição e prioridade

Este módulo é da maior importância e tem a prioridade máxima na nossa lista, uma vez que toma a decisão de permitir ou bloquear um pedido. Este módulo está ligado a todos os outros módulos, ou seja, ao servidor proxy, à base de dados, etc., pelo que o seu nível de dependência também aumenta a sua importância.

3.2.2 Sequências de estímulo/resposta

a.   O utilizador final envia um pedido de URL para o servidor.

b.   O pedido de URL é encaminhado para os filtros de URL.

c.   Os filtros de URL são geridos por servidores proxy.

d.   Os URLs que devem ser bloqueados ou aceites são determinados pelas políticas.

e.   As políticas especificam então os URLs a bloquear e estes URLs são armazenados na base de dados ou na lista negra de URLs.

f.   O pedido do utilizador é então verificado em relação à lista negra. Se um URL estiver na lista negra , o pedido é recusado.

g.   Se o URL não estiver na lista negra, o pedido é aceite.

3.2.3 Requisitos funcionais

Os requisitos funcionais para esta caraterística são:

a.   Pedido de URL gerado pelo utilizador.

b.   Filtro de URL e servidor proxy que monitoriza todos os pedidos provenientes dos

utilizadores.

c.   Políticas tal como especificadas pelos responsáveis pela aplicação das políticas.

d.   Lista negra actualizada de acordo com as políticas.

3.3 Caraterística do sistema 2: Bloqueio de conteúdos
3.3.1 Descrição e prioridade

Este módulo é de prioridade 2nd. O seu objetivo é filtrar o conteúdo da página Web. Por exemplo, se um URL

solicitado pelo utilizador não constar da lista negra, o pedido será encaminhado para o domínio solicitado. Mas

se a página contiver algum conteúdo, como vídeo, áudio, imagem ou texto, que não possa entrar na rede, este

módulo filtrará esse conteúdo específico e o resto do conteúdo será apresentado ao utilizador.

3.3.2 Sequências de estímulo/resposta

*   A resposta proveniente da página Web em resposta ao pedido do utilizador será analisada pelos filtros

de URL.

*   Serão gerados conjuntos de categorias para todos os conteúdos da página Web.

*   As políticas de filtragem serão então aplicadas de acordo com os conjuntos de categorias.

3.3.3 Requisitos funcionais

Os requisitos funcionais para este subsistema são os seguintes

*   Análise de páginas Web para analisar o conteúdo da página Web.

*   Conjuntos de categorias para categorizar e organizar os elementos de conteúdo analisados.

*   Base de dados que especifica as políticas e as listas negras.

3.4 Caraterística do sistema 3: aplicação de políticas
3.4.1 Descrição e prioridade

Este módulo é de grande importância, uma vez que a sua função é implementar as políticas de acordo com as

quais os URLs serão adicionados à base de dados da lista negra de URLs ou serão autorizados a entrar na rede.

Este módulo é um sistema baseado na Web.

3.4.2 Sequências de estímulo/resposta

a.   Os responsáveis pela aplicação das políticas farão as políticas.

b.   As políticas serão classificadas posteriormente.

c.	Estas políticas serão depois introduzidas na base de dados pelos administradores da base de dados.

d.	As políticas podem ser alteradas pelos responsáveis pela sua aplicação por sua própria vontade ou por queixa do utilizador, se esta for razoável.

e.	As alterações na base de dados só podem ser efectuadas pelos administradores da base de dados. Os responsáveis pela implementação das políticas não têm direitos de acesso à base de dados. O seu dever é apenas criar e categorizar as políticas.

3.4.3 Requisitos funcionais
Os requisitos funcionais para este subsistema são os seguintes

a.	Os responsáveis pela execução das políticas para as elaborar e classificar.

b.	O sistema será uma aplicação baseada na Web com um administrador seguro

c.	A filtragem será de três níveis, pelo que as políticas serão adoptadas de acordo com estes níveis de filtragem.

Os três níveis de filtragem são:

I.	**Alta:**Protege contra todos os sites relacionados com adultos e actividades ilegais,

sítios de redes sociais, sítios de partilha de vídeos e desperdiçadores de tempo em geral. Este grupo tem ainda 26 categorias. As categorias são: adware, álcool, conversação, classificados, encontros, drogas, armazenamento de ficheiros, jogos de azar, jogos, ódio/discriminação, mensagens instantâneas, P2P/partilha de ficheiros, redes sociais, partilha de vídeos, motores de busca visuais, armas, webmail, partilha de fotografias, temas para adultos, falta de gosto, lingerie/biquíni, proxy/anonimizador, sexualidade, nudez, pornografia, fóruns/message boards.

II.	**Moderado:** Protege contra todos os sites relacionados com adultos e actividades ilegais. Este grupo tem mais 13 categorias: Adware, álcool, encontros, drogas, jogos de azar, ódio/discriminação, armas, falta de gosto, lingerie/biquíni, proxy/anonimizador, sexualidade, nudez, pornografia.

III.	**Baixo:** Protege contra a pornografia. Este grupo tem mais 4 categorias: Insípido, proxy/anonimizador, sexualidade, pornografia. Além disso, haverá também uma opção para personalizar as categorias a filtrar.

a.	Outro requisito funcional é manter a base de dados actualizada.
b.	A base de dados precisava de ser mantida por administradores de bases de dados.

Capítulo 4: Especificações da conceção do sistema

4.1 Arquitetura de software

O padrão e o diagrama da arquitetura são explicados nesta secção.

4.1.1 URL Arquitetura do sistema FiBat

O URL-FiBatsystem foi concebido utilizando a abordagem **Pipe-And-Filter**. Uma arquitetura muito simples, mas poderosa, que é também muito robusta. Consiste em qualquer número de componentes (filtros) que transformam ou filtram dados, antes de os transmitir através de conectores (pipes) a outros componentes. Os filtros estão todos a funcionar *ao mesmo tempo*. A arquitetura é frequentemente utilizada como uma sequência simples, mas também pode ser utilizada para estruturas muito complexas.

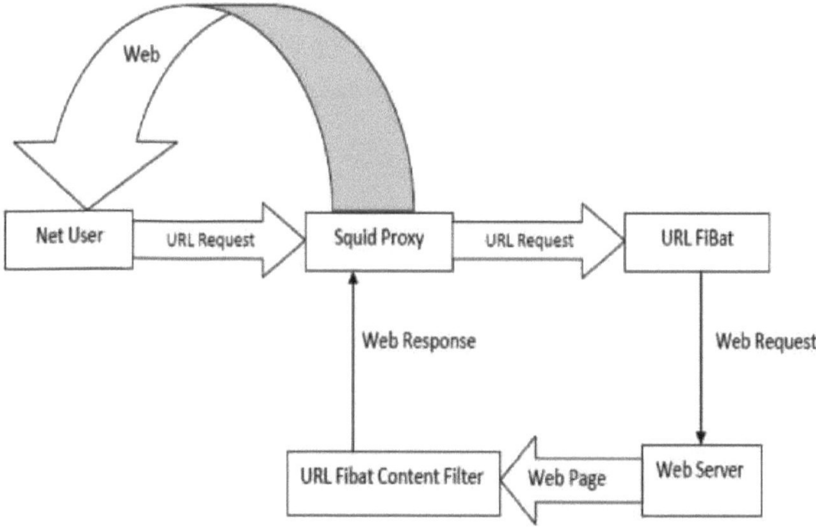

Figura 4.1 Arquitetura do software

4.1.2 Estratégias arquitectónicas:

As razões pelas quais a arquitetura **Pipe-And-Filter** do URL-FiBatuses é a seguinte:

1.   Os filtros são autónomos e podem ser tratados como caixas negras. Este isolamento da funcionalidade ajuda a garantir atributos de qualidade como a ocultação de informação, a elevada coesão, a modificabilidade e a reutilização.

2.   Os filtros interagem com outros componentes de forma limitada. Esta simplicidade de ligação ajuda a garantir um baixo acoplamento.

3.   Os tubos e filtros podem ser compostos hierarquicamente. Os filtros de ordem superior

podem ser criados a partir de qualquer combinação de condutas e filtros de ordem inferior.

4.   A construção da sequência de condutas e filtros pode muitas vezes ser adiada até ao tempo de execução (ligação tardia). Isto permite que um componente controlador adapte um processo com base no estado atual da aplicação.

5.   Como o processo realizado pelo filtro é isolado dos outros componentes do sistema, é relativamente fácil executar um sistema de pipe-and-filter em processadores paralelos ou em vários threads num único processador.

4.2   Conceção pormenorizada do sistema

Esta secção contém os padrões de conceção e as perspectivas de desenvolvimento, ou seja, física, de processo, lógica e de implementação do sistema

4.2.1 Padrão de design

O padrão de conceção que estamos a utilizar para o nosso sistema é o Façade. Como estamos a criar dois módulos, ou seja, filtragem de URL e filtragem de conteúdos. Estamos a desenvolver uma interface que integra as subclasses do sistema, incluindo a ligação à base de dados, a análise de pedidos, a geração de páginas Web, a pesquisa e o bloqueio e a análise de conteúdos. Por isso, o padrão de conceção Façade é a melhor solução para o desenvolvimento do nosso sistema. Aplicámos o padrão de conceção Fachada nos diagramas de classes do sistema.

4.3   Cenários

Os cenários contêm diagramas de casos de utilização. Definem os utilizadores e a sua interação com o sistema.

4.3.1 Diagramas de casos de uso

O nosso sistema tem três casos de utilização que explicam o funcionamento e a funcionalidade do sistema.

Bloqueador de URL
Descrição e *prioridade*

Este módulo é da maior importância e tem a prioridade mais elevada da nossa lista, pois é ele que decide se um pedido é autorizado ou bloqueado. Este módulo está ligado a todos os outros módulos, ou seja, servidor proxy, base de dados, etc., pelo que o seu nível de dependência também aumenta a sua importância.

Sequências de estímulo/resposta

a.   O utilizador final envia um pedido de URL para o servidor.

b.   O pedido de URL é encaminhado para os filtros de URL.

c.   Os filtros de URL são geridos por servidores proxy.

d.   Os URLs que devem ser bloqueados ou aceites são determinados pelas políticas.

e.   As políticas especificam então os URLs a serem bloqueados e estes URLs são então armazenados na base de dados ou na lista negra de URLs.

f.   O pedido do utilizador é então verificado em relação à lista negra. Se um URL estiver na lista negra, o pedido é recusado.

g.   Se o URL não estiver na lista negra, o pedido é aceite.

Diagrama de casos de uso

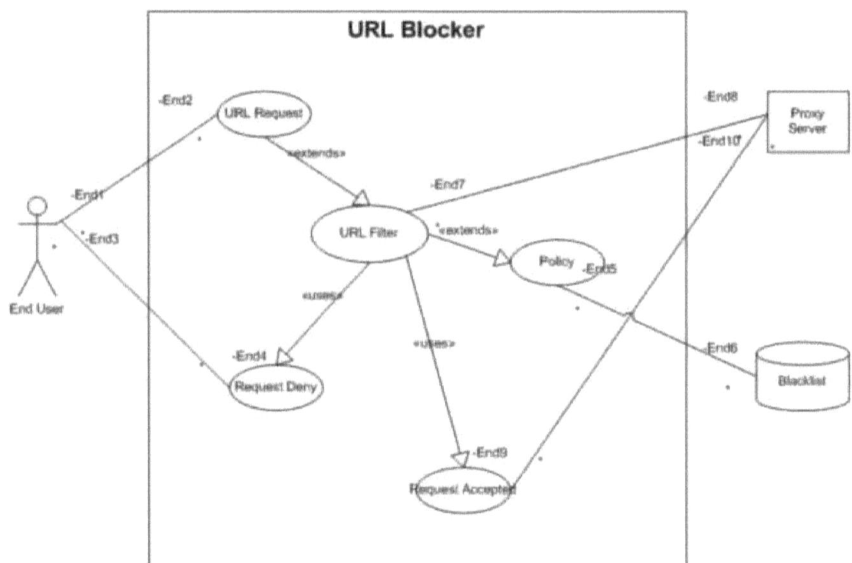

Figura 4.2 Caso de utilização: Bloqueador de URL

Sistema de filtragem de conteúdos

Descrição e prioridade

Este módulo é de prioridade 2nd. O seu objetivo é filtrar o conteúdo da página Web. Por exemplo, se um URL solicitado pelo utilizador não constar da lista negra, o pedido será encaminhado para o domínio solicitado. Mas se a página contiver algum conteúdo, como vídeo, áudio, imagem ou texto, que não possa entrar na rede, este módulo filtrará esse conteúdo específico e o resto do conteúdo será apresentado ao utilizador.

Sequências de estímulo/resposta

a.   A resposta proveniente da página Web em resposta ao pedido do utilizador será analisada pelos filtros de URL.

b.   Serão gerados conjuntos de categorias para todos os conteúdos da página Web.

c.   As políticas de filtragem serão então aplicadas de acordo com os conjuntos de categorias.

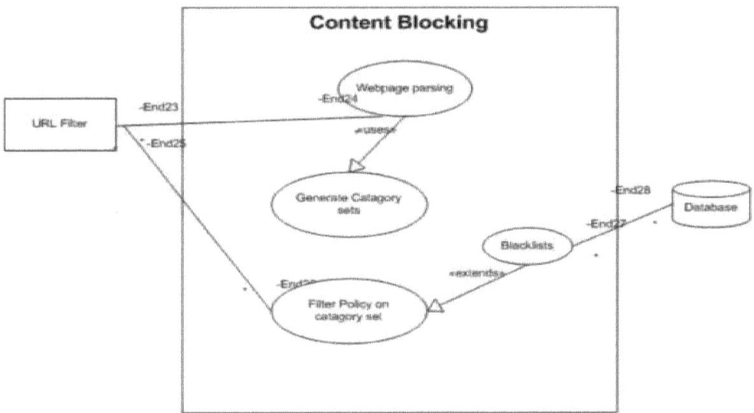

Figura 4.3 Caso de utilização: Bloqueio de conteúdos

Implementador de políticas

Descrição e prioridade

Este módulo é de grande importância, uma vez que a sua função é implementar as políticas de acordo com as quais os URLs serão adicionados à base de dados da lista negra de URLs ou serão autorizados a entrar na rede.

Sequências de estímulo/resposta

a.   Os responsáveis pela aplicação das políticas farão as políticas.

b.   As políticas serão posteriormente categorizadas.

c.   Estas políticas serão depois introduzidas na base de dados pelos administradores da base de dados.

d.   As políticas podem ser alteradas pelos responsáveis pela sua aplicação por sua própria vontade ou por queixa do utilizador, se esta for razoável.

e.   As alterações na base de dados só podem ser efectuadas pelos administradores da base de dados. Os responsáveis pela implementação das políticas não têm direitos de acesso à base de dados. O seu dever é apenas criar e categorizar as políticas.

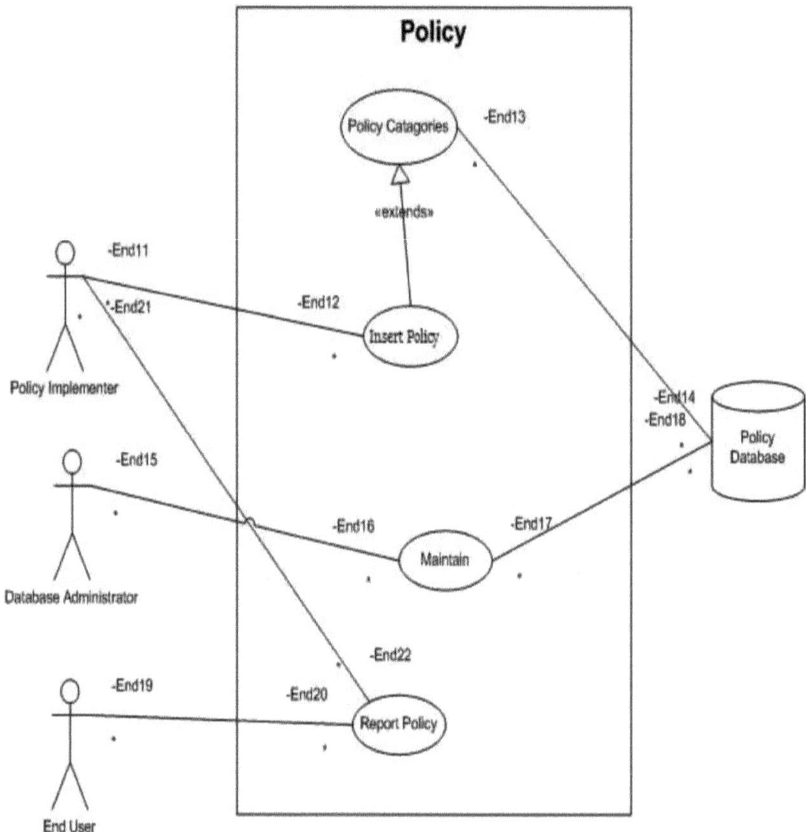

Figura 4.4 Caso de utilização: Política de filtragem

4.4   Visão lógica

A vista lógica consiste em diagramas de classes e diagramas de sequência.

4.4.1   Diagramas de classe

O nosso sistema tem dois componentes independentes: o sistema de filtragem de URL e o sistema de filtragem

de conteúdos.

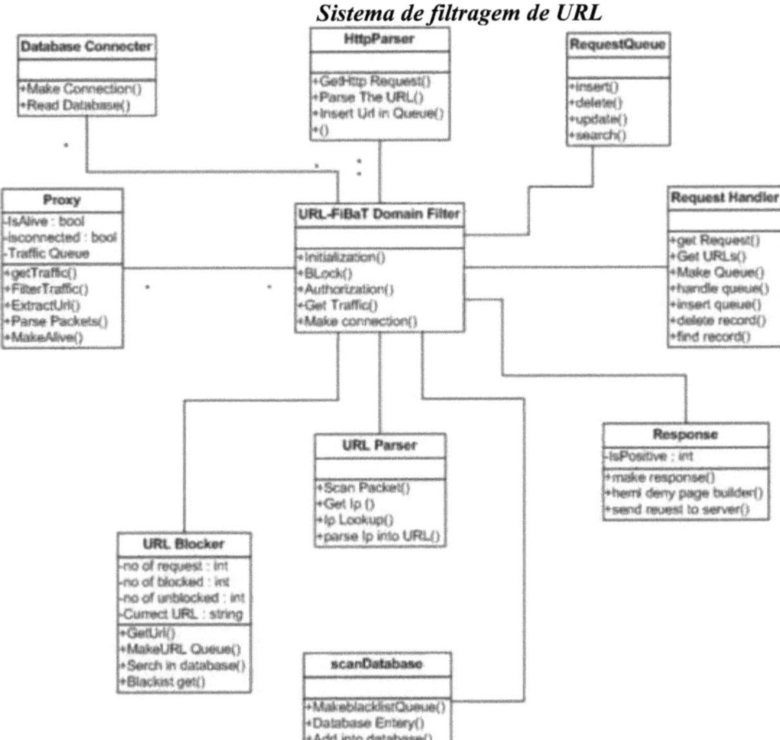

Figura 4.5 Diagrama de classes: Filtragem de URL

Sistema de filtragem de conteúdos

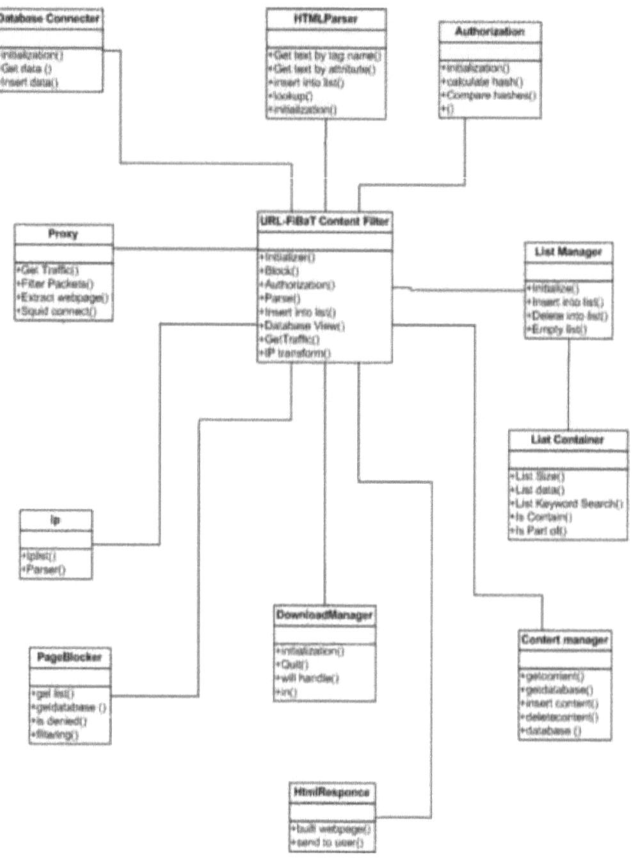

Figura 4.6 Diagrama de classes: Filtragem de conteúdo

4.4.2 Diagramas de sequência

O nosso sistema tem dois diagramas de sequência que explicam o fluxo de acções à medida que os utilizadores
interagir com o sistema.

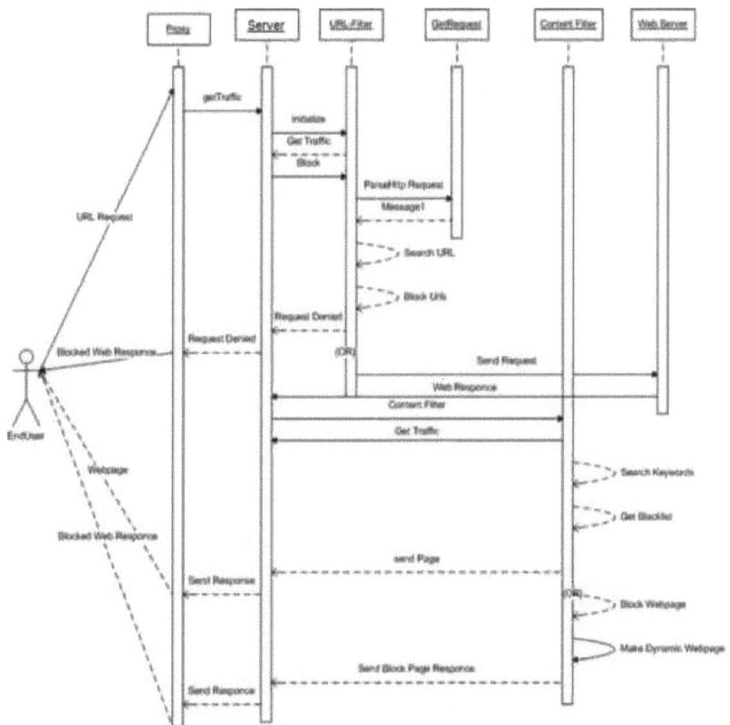

Figura 4.7 Diagrama de sequência: Utilizador final

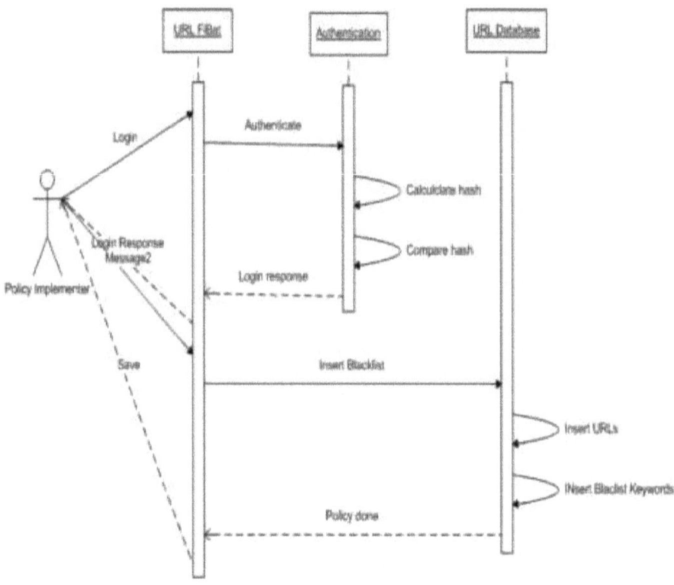

Figura 4.8 Diagrama de sequência: Controlo administrativo

4.5   Vista do desenvolvimento

A visão de desenvolvimento é, de facto, a visão integrada do sistema.

4.5.1   Diagrama de pacotes

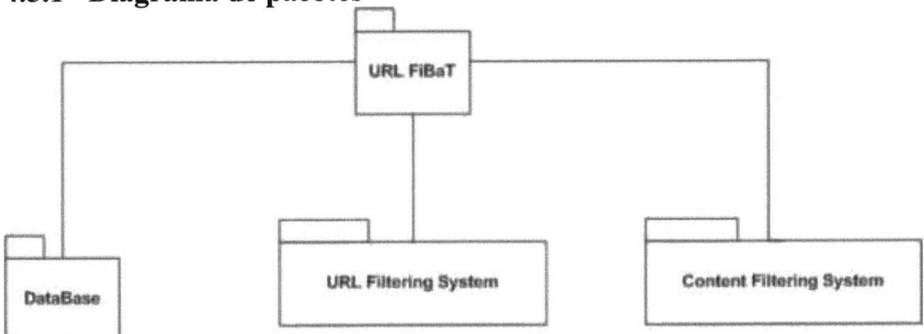

Figura 4.9 Diagrama de pacotes: Sistema geral

4.6   Vista física

A visão física explica como o sistema será implantado em tempo real, ou seja
diagrama de implantação do sistema.

4.6.1 Diagrama de implantação

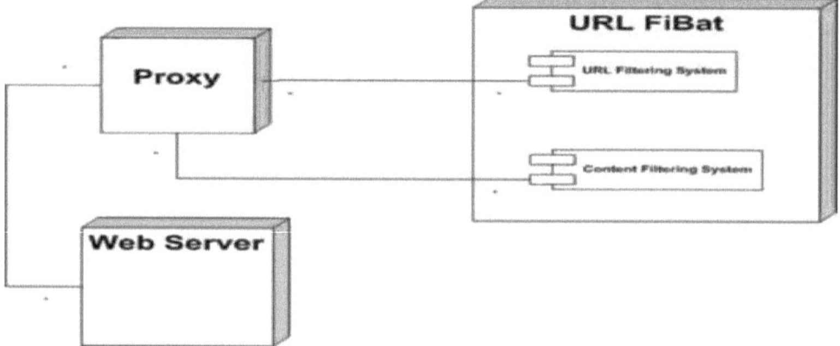

Figura 4.10 Diagrama de implantação

4.7 Vista do processo

A vista do processo consiste em diagramas de actividades para diferentes acções.

4.7.1 Diagramas de atividade

O nosso sistema tem dois diagramas de atividade no que diz respeito ao administrador e ao utilizador final.

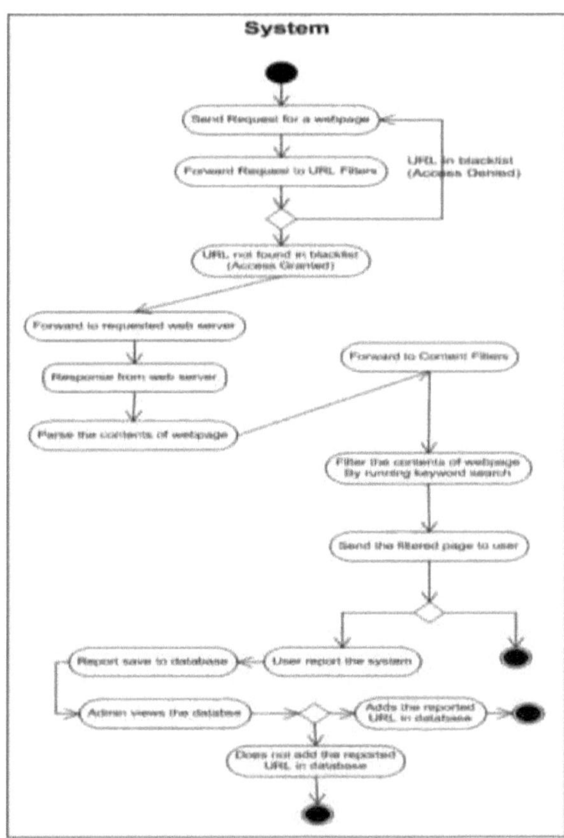

Figura 4.11 Diagrama de actividades: Acções do utilizador

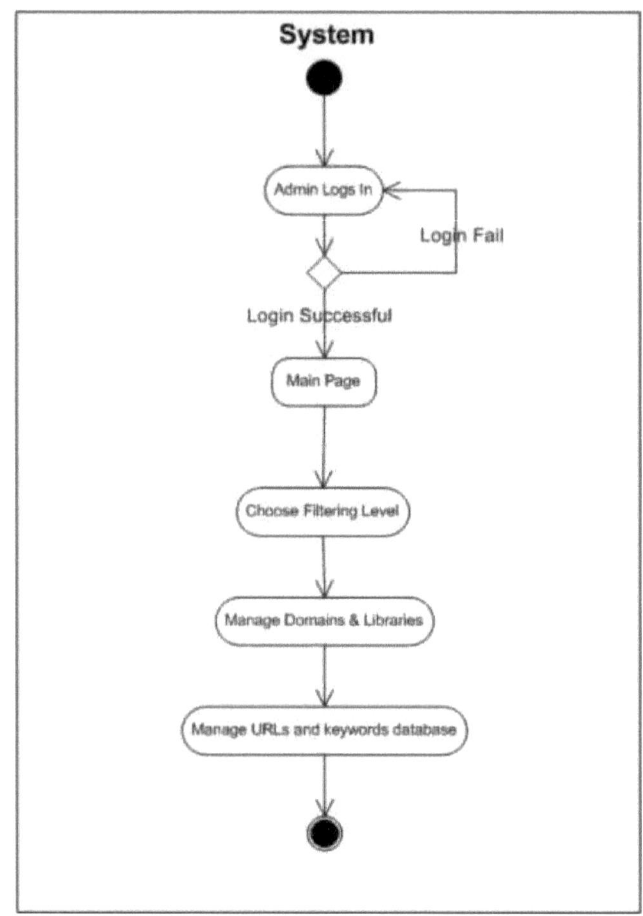

Figura 4.12 Diagrama de actividades: Controlo administrativo

5. Capítulo 5: Implementação do sistema
5.1 Ferramentas e tecnologias
5.1.1 Microsoft Visual Studio 2008

O Microsoft Visual Studio é um ambiente de desenvolvimento integrado (IDE) da Microsoft. É utilizado para desenvolver aplicações de consola e de interface gráfica do utilizador, bem como aplicações Windows Forms, sítios Web, aplicações Web e serviços Web, tanto em código nativo como em código gerido, para todas as plataformas suportadas pelo Microsoft Windows, Windows Mobile, Windows CE, .NET Framework, .NET Compact Framework e Microsoft Silverlight.

O Visual Studio oferece suporte a diferentes linguagens de programação por meio de serviços de linguagem, que permitem que o editor de código e o depurador ofereçam suporte (em graus variados) a praticamente qualquer linguagem de programação, desde que exista um serviço específico de linguagem. As linguagens incorporadas incluem C/C++ (através do Visual C++), VB.NET (através do Visual Basic .NET), C# (através do Visual C#) e F#. Implementámos o nosso sistema de filtragem de URL e conteúdos em C# e ASP.NET

5.1.2 IDE NetBeans

O NetBeans IDE permite-lhe desenvolver rápida e facilmente aplicações Java para ambiente de trabalho, móveis e Web, fornecendo também excelentes ferramentas para programadores PHP e C/C++. É gratuito e de código aberto e tem uma grande comunidade de utilizadores e programadores em todo o mundo. Implementámos o nosso projeto utilizando o NetBeans IDE.

5.1.3 Kit de desenvolvimento Java

Um Java Development Kit (JDK) é um ambiente de desenvolvimento de programas para escrever applets e aplicações Java. Consiste num ambiente de execução que "assenta no topo" da camada do sistema operativo, bem como nas ferramentas e na programação de que os programadores necessitam para compilar, depurar e executar applets e aplicações escritas na linguagem Java. Utilizámos o JDK no desenvolvimento do nosso projeto

5.1.4 DNS Java

Importámos o dnsjava para o nosso projeto, o dnsjava é uma implementação do DNS em Java. Suporta todos os tipos de registos definidos (incluindo os tipos DNSSEC) e tipos desconhecidos. Pode ser utilizado para consultas, transferências de zonas e actualizações dinâmicas. Inclui uma cache que pode ser usada por clientes e uma implementação mínima de um servidor. Suporta mensagens autenticadas TSIG, verificação parcial DNSSEC, e EDNS0.

Dnsjava fornece funcionalidade acima e além daquela da classe InetAddress. Uma vez que é escrito em Java puro, o dnsjava é totalmente compatível com threads e, em muitos casos, é mais rápido do que usar

InetAddress.

O Dnsjava fornece acesso de alto e baixo nível ao DNS. As funções de alto nível realizam consultas de registos

de um determinado nome, tipo e classe e devolvem a resposta ou o motivo da falha. Existem também funções

semelhantes às da classe InetAddress. É utilizada uma cache para reduzir o número de consultas DNS enviadas.

As funções de baixo nível permitem a manipulação direta de mensagens e registos DNS, bem como a definição

de propriedades adicionais do resolvedor.

5.2   Implementação do sistema

5.2.1 Servidor proxy

Iniciar o servidor

O nosso sistema é baseado em proxy, pelo que implementámos o servidor proxy que funciona como gateway;
o tráfego de rede passa por esse gateway. Início do servidor proxy a partir do código

```
ServerSocketsrvr = new ServerSocket(portnumber);
```

Uma vez que o servidor é iniciado, ele escuta o tráfego continuamente pelo código

```
Enquanto(verdadeiro)
{
srve.accept();
//chamar o processo de filtragem de URL
Se(!Filtrado)
{
/enviar pedido ao servidor Web
}
senão
{
/enviar página HTML de resposta
}
}
```

Extrair o URL

Uma vez iniciado o servidor, este escuta continuamente no porto e, quando chega um pedido Web http,

armazena-o numa variável de cadeia de caracteres. Agora que o pacote http está armazenado, o sistema utiliza

o **StringTokenizer** e a classe **Regex** para identificar os URL, uma vez identificados, o sistema utiliza as

funções **String** para extrair os URL do pacote http.

5.2.2   Sistema de filtragem de URL
Filtrar URL

Quando o sistema recebe um pedido de URL, chama o método **get_URL()** e obtém o URL.

Quando o URL é encontrado, verifica-o na base de dados, que é armazenada numa lista, filtra o URL e devolve verdadeiro e falso com base no facto de o URL estar ou não na lista negra:

```
se(blacklist.contains(url))
{
addCurrentConnection (this.con) httpresponce = forward(url);
//sistema de filtragem de conteúdos na resposta web cliente.send(httpresponce);
}
senão
{
cliente.send(error);
}
```

5.2.3   Sistema de filtragem de conteúdos
Obter a página de resposta

Quando um pedido http é enviado para o servidor Web, o sistema aguarda a página de resposta da Web através

de **httpresponce = forward(url);** quando a resposta da Web é recebida, separa o cabeçalho http e a página

HTML da resposta;

```
Hashmap<String, String> hash=getHashmap(responce);
```

A função getHashmap(String arg) separa o cabeçalho http e a página HTML da resposta.

Limpeza de HTML

Quando a página HTML e o cabeçalho http são separados, o sistema limpa o código html extraindo os dados

relevantes e envia-os para o filtro;

```
StringDocumentHtmlPage= hash.getHtmlPage();
HtmlCleaner clean=new HtmlCleaner(HtmlPage);
Htmlresponce= Contentfilter(clean);
```

Filtrar o conteúdo

Quando o Html é limpo e os dados são extraídos, o sistema tokeniza os dados através da classe

StringTokenizer e analisa os dados através da base de dados e, quando os dados correspondem à base de

dados, o sistema substitui-os por *** e pede o token seguinte.

5.2.4 Aplicação Web de gestão de políticas
Página de início de sessão

O sistema tem uma página de início de sessão que é utilizada para iniciar a sessão de acesso ao redator de políticas. A pré-visualização da página de início de sessão é a seguinte:

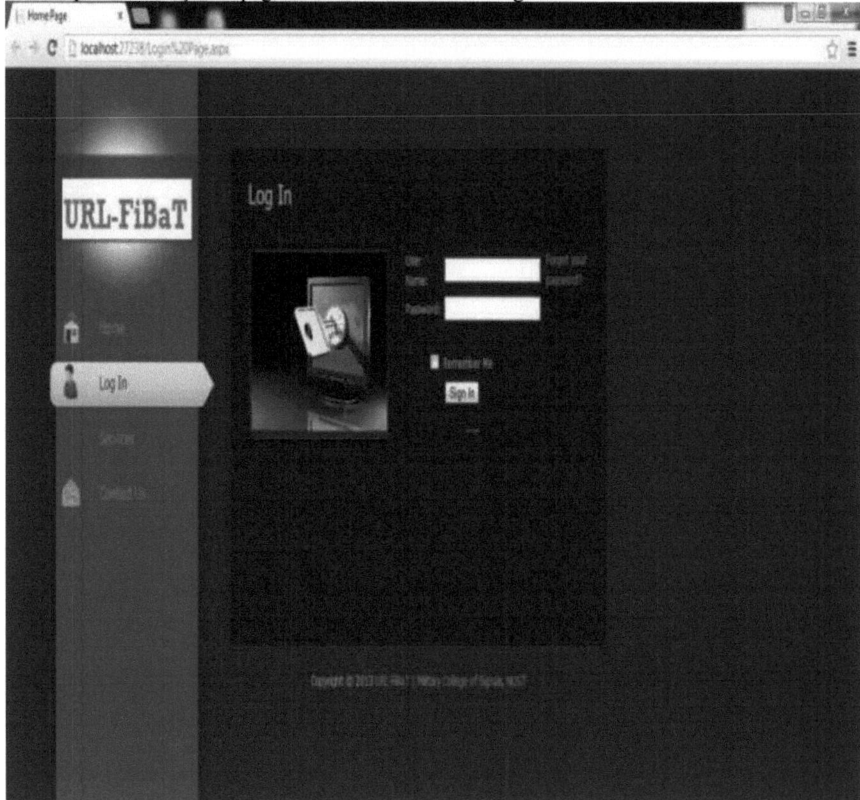

Figura 5.1 Página de início de sessão

Obtém o nome de utilizador e a palavra-passe e, em seguida, calcula o hash da palavra-passe e envia-o para o servidor IIS, que compara os hashes e envia o ID da sessão e, em seguida, o administrador começa a introduzir políticas;

```
<%@ Page Title="Contacto" Language="C#" MasterPageFile="~/Site.Master" AutoEventWireup="true" CodeBehind="Contacto.aspx.cs" Inherits="DnsPages.Contacto" %>
<asp:Contentrunat="server" ID-'BodyContent" ContentPlaceHolderID="MainContent">
<hgroup class="title">
<h1><%: Título %>. h1></
<h2>A sua página de contacto.</h2>
</hgrupo>
<secção class="contacto">
<cabeçalho>
<h3>Telefone:</h3>
</cabeçalho>
<p>
<span class="label">Principal:</span>
<span>425.555.0100</span>
</p>
<p>
<span class="label">Após o expediente:</span>
<span>425.555.0199</span>
</p>
</secção>
<secção class="contacto">
<cabeçalho>
<h3>Emaik</h3>
</cabeçalho>
<p>
<span class="label">Suppoitt</span>
<span><a href="mailto%upport0example.com">Support0example.com</a></span>
</p>
<p>
<span class="label">Marketingx/span>
<span><a href="mailtoMarketing0example.com">Marketing0example.com</a></span>
</p>
<p>
<span class="label">Generak</span>
<span><a href-"mailtoGeneral0example.com">General0example.com</a></span>
</p>
</secção>
<secção class="contacto">
<cabeçalho>
<h3>Endereçox/h3>
</cabeçalho>
<p>
Uma maneira Microsoft<br />
Redmond, WA 98052-6399
</p>
</secção>
</asp^ontent>
```

Gestão de políticas

Os administradores introduzem as políticas e estas são armazenadas na base de dados que está integrada no

sistema de filtragem de conteúdos e de arquivo de URL. Quando uma política de arquivo de URL é introduzida,

o sistema tem de ser reiniciado, mas quando o sistema de política de filtragem de conteúdos funciona em tempo

real, não é necessário reiniciar o sistema.

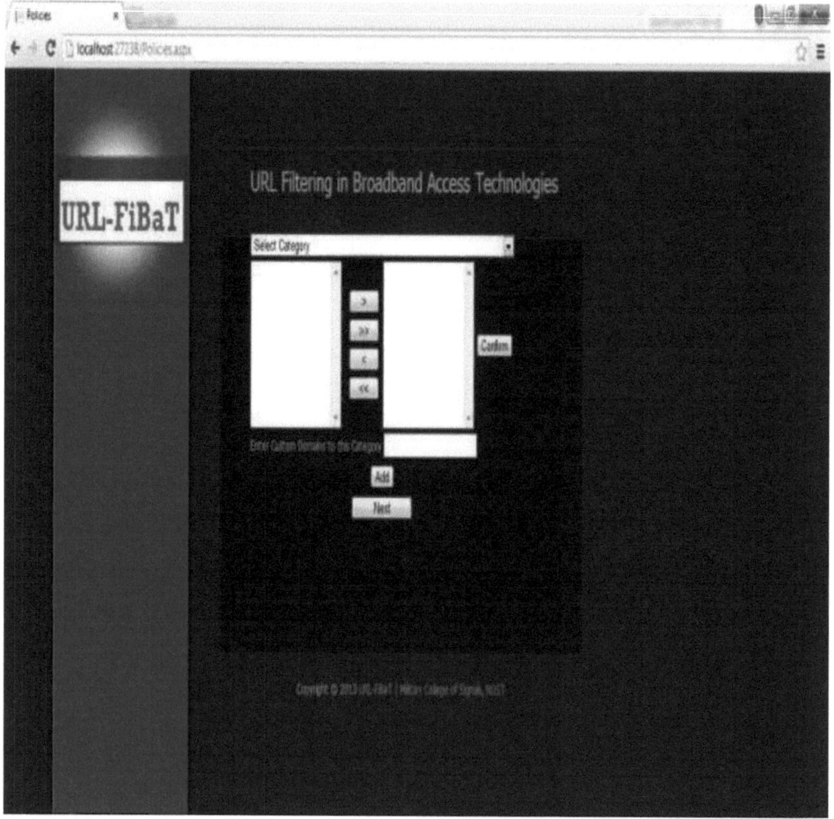

Figura 5.2 Gestão de políticas

As políticas também estão divididas em categorias. O código é escrito em ASP.NET e a lógica de backend

está em C#.NET.

```
protected void custom_domains_btn_Click(object sender, EventArgs e) {
selected.Items.Add(custom_domains_tb.Text);
StreamWritersw = new StreamWriter("D:\\FYP\\Code\\DnsPages\\blacklists\\" + categ.SelectedItem.Text + "\\domains", true);
sw.WriteLine(custom_domains_tb.Text);
sw.Close();
}
protected void from_txt_TextChanged(object sender, EventArgs e)
{
}
protected void confirm_Click(object sender, EventArgs e)
{
int i = selected.Items.Count, j=0;
StreamWritersw = new StreamWriter("D:\\FYP\\\Code\\DnsPages\\DnsPages\\\domains.txt", true);
enquanto (j < i)
{
sw.WriteLine(selected.Items[j].Text);
j ;++
}
sw.Close();
}
protected void nxt_Click(object sender, EventArgs e)
{
Response.Redirect("~/content_policies.aspx");
}
}
}
```

Capítulo 6: Testes e análise de resultados

6.1 Introdução ao plano de teste

Este plano de teste de software destina-se a fornecer a descrição dos casos de teste para o URL-FiBat (filtragem de URL em tecnologias de banda larga), descrevendo o âmbito e a abordagem das actividades de teste previstas. Este documento descreverá os casos de teste para diferentes caraterísticas do sistema, como a filtragem de URL, a filtragem de conteúdos, a gestão de políticas, etc.

O documento de requisitos e especificações de software do URL FiBat serve de suporte a este plano de teste de software.

6.1.1 Itens de teste

Seguem-se os itens do teste e a respectiva versão:

Nome do item de teste	Item de teste Versão nº	Tipo de teste
Sistema global	Ver 1	Caixa preta
Filtragem de URL	Ver 1	Caixa preta
Filtragem de conteúdos	Ver 1	Caixa preta
Gestão de políticas	Ver 1	Caixa preta
Classe de resposta HTML	Ver 1	Caixa branca
Classe Database Connect	Ver 1	Caixa branca
Função proxy.get_traffic	Ver 1	Caixa branca
Classe de analisador HTML	Ver 1	Caixa branca
Classe de autenticação	Ver 1	Caixa branca
Código de estado Http	Ver 1	Caixa branca
Geturl	Ver 1	Caixa branca
Substituir palavras-chave	Ver 1	Caixa branca

Tabela 6.1 Itens de teste

6.1.2 Caraterísticas a serem testadas

Caraterística	Componente/sistema principal	Visão geral
Funcionamento geral do sistema	URL-Fibat	a. Executar o servidor proxy b. Definir gateway de proxy no browser do cliente Abrir um sítio Web http c. Verificar a filtragem
Filtragem de URL	Bloqueador de URL	a. Executar o servidor proxy b. Abrir o sítio Web a partir de lista negra
		c. Verificar o estado da Web
Filtragem de conteúdos	Filtro de conteúdo	a. Inserir as palavras-chave da política b. Abrir o sítio Web http c. Verificar se as palavras- chave estão ou não bloqueadas
Gestão de políticas	Aplicação Web	a. Abrir o sítio Web b. Iniciar sessão com administrador credenciais c. Introduzir a lista negra URLs d. Introduzir lista negra palavras-chave
Classe de resposta HTML	Resposta HTML	a. Abrir o sítio Web b. Verificar o código html recebido
Classe Database Connect	Base de dados	a. Executar o filtro de URL b. As políticas de controlo são inserido e
		ligado
Função proxy.get_traffic	Proxy	a. Executar o servidor proxy b. Assegurar que o tráfego está a passar pelo servidor
Classe de analisador HTML	Analisador HTML	a. Abrir o sítio Web b. Limpar o código html
Classe de autenticação	Aplicação Web	a. Abrir o sítio Web b. Verificar o administrador

		credenciais
Código de estado Http	Http	a. Obter o tráfego b. Filtrar o url c. Enviar código de estado http e resposta http
Geturl	URL Fibat	a. Abrir o servidor proxy b. Extrair o url do pedido http
Substituir palavras-chave	Filtro de conteúdo	a. Executar o servidor proxy b. Abrir a palavra-chave base de dados
		c. Analise a página e substitua as palavras-chave.

Quadro 6.2 Caraterísticas a testar

6.1.3 Caraterísticas que não devem ser testadas

Todas as funcionalidades do URL-FiBat precisam de ser testadas.

6.1.4 Abordagem

A abordagem geral deste plano de teste é o teste da caixa cinzenta, ou seja, um híbrido de teste da caixa preta e da caixa branca. A abordagem de teste será a mesma para todas as caraterísticas do sistema. O sistema será testado em diferentes perspectivas, como o teste da GUI, etc.

Não será utilizada nenhuma ferramenta separada para testar o sistema. O código será revisto no Microsoft Visual Studio 2012 e no Netbeans 6.1. Os testes serão exaustivos, de modo a garantir a elevada qualidade do sistema. O grau mínimo de exaustividade exigido é que todas as funcionalidades sejam testadas pelo menos uma vez. Para avaliar a exaustividade, será mantido um registo das funcionalidades que foram completamente testadas.

6.1.5 Item Critérios de aprovação/reprovação

Os critérios de entrada para cada fase de teste devem ser cumpridos antes de se poder iniciar a fase seguinte.

Qualquer item de teste será declarado aprovado se estiver em conformidade com os requisitos especificados no SRS e reprovado se não estiver.

6.1.6 Critérios de suspensão e requisitos de retoma

O único caso em que a atividade de teste tem de ser suspensa é a falha de uma caraterística. Nesse caso, a equipa de desenvolvimento será informada para corrigir o erro dessa caraterística, após o que os testes de todo o sistema recomeçarão.

6.1.7 Necessidades ambientais

É necessário um sistema baseado no Windows para testar este sistema. O Microsoft Visual Studio 2013 e o NetBeans IDE 6.1 são necessários para executar o software.

6.1.8 Horário

O processo de teste demorou mais de um mês.

6.1.9 Riscos e contingências

O risco reside na execução incompleta dos casos de teste e no facto de se ignorarem pequenos erros dos sistemas que podem resultar em grandes falhas e fracassos. Além disso, o processo de teste tem de ser efectuado dentro do prazo especificado. Caso contrário, todo o calendário da equipa de desenvolvimento pode ser perturbado, o que pode resultar na falta de confiança do cliente na equipa de desenvolvimento.

6.2 Testes funcionais (caixa preta)

O programa de software ou sistema em teste é visto como uma "caixa preta". A seleção dos casos de teste para o teste funcional baseia-se nos requisitos ou na especificação da conceção da entidade de software em teste. O teste funcional dá ênfase ao comportamento externo da entidade de software.

6.2.1 Caso de teste nº. A01

Nome: Função geral do sistema.

Descrição: Testará a funcionalidade geral do sistema e o seu funcionamento.

Pré-condição: O sistema está corretamente instalado, sem erros e a funcionar corretamente.

Valores de entrada: O sistema tem de introduzir o endereço IP e o número da porta para o arranque

Passos:

1.   Executar o URL FiBat. i.e.

o Introduza o endereço IP do proxy.

o Introduzir o número da porta

2.   Agora, verifique as caixas de texto para entradas inválidas, ou seja

o Na caixa de texto que trata dos números no regex do endereço IP, escreva alfabetos e caracteres especiais.

o O número do porto é um número inteiro e situa-se no intervalo de 4000-65000

o Utilizar ataques de injeção SQL para explorar os dados.

Resultado esperado: O sistema deve funcionar corretamente como um servidor proxy.

Saída: Para a etapa 1, a saída é igual à esperada. Para a etapa 2, a saída é igual à esperada, uma vez que a caixa de texto não permite a introdução de dados inválidos.

Resultado: Aprovado

6.2.2   Caso de teste nº. A02

Nome: Filtragem de URL.

Descrição: Testará o bloqueio e o desbloqueio do URL no sistema.

Pré-condição: O sistema está corretamente instalado, sem erros e a funcionar corretamente.

Valores de entrada: O utilizador final tem de introduzir um endereço Web válido.

Passos:

1.	Abrir o navegador Web.

2.	Definir o servidor proxy

3.	Agora introduza um site da lista negra na barra de endereço e prima enter, ou seja

o	Repetir o passo 5 a 8 vezes.

4.	Repita o passo 3 com um sítio Web que não esteja na lista negra.

Resultado esperado: Para os sítios Web da lista negra, o sistema deve bloqueá-los e para um sítio Web que não esteja na lista negra, o sistema deve permitir o acesso ao mesmo.

Saída: Para o passo 3, a saída foi igual à esperada. Para o passo 3, a saída não foi igual à esperada.

Resultado: Reprovado

Nome: Filtragem de URL.

Descrição: Testará o bloqueio e o desbloqueio do URL no sistema.

Pré-condição: O sistema está corretamente instalado, sem erros e a funcionar corretamente.

Valores de entrada:O utilizador final tem de introduzir um endereço Web válido.

Passos:

5.	Abrir o navegador Web.

6.	Definir o servidor proxy

7.	Agora introduza um site da lista negra na barra de endereço e prima enter, ou seja

o	Repetir o passo 5 a 8 vezes.

8.	Repita o passo 3 com um sítio Web que não esteja na lista negra.

Resultados previstos: Para os sítios da lista negra, o sistema deve bloqueá-los e, para um sítio que não esteja na lista negra, o sistema deve permitir o acesso ao mesmo.

Saída: Para o passo 3, a saída é igual à esperada. Para o passo 3 A saída é igual à esperada.

Resultado: Aprovado

Nome: Filtragem de conteúdo.

Descrição: Testará o bloqueio e o desbloqueio do conteúdo do sistema.

Pré-condição: O sistema está corretamente instalado, sem erros e a funcionar corretamente.

Valores de entrada: O utilizador final tem de introduzir um endereço Web válido.

Passos:

1.   Abrir o navegador Web.

2.   Definir o servidor proxy

3.   Agora introduza um site http na barra de endereço e prima enter, ou seja

o   Repetir o passo 5 a 8 vezes.

Resultados esperados: Analisar a página web. As palavras-chave da lista negra devem ser substituídas por

***.

Resultado: Para o passo 3, o resultado foi o mesmo que o esperado: todas as palavras-chave não foram

bloqueadas pelo sistema.

Resultado: Falhou

Nome: Filtragem de conteúdo.

Descrição: Testará o bloqueio e o desbloqueio do conteúdo do sistema.

Pré-condição: O sistema está corretamente instalado, sem erros e a funcionar corretamente.

Valores de entrada:O utilizador final tem de introduzir um endereço Web válido.

Passos:

1.	Abrir o navegador Web.
2.	Definir o servidor proxy
3.	Agora introduza um site http na barra de endereço e prima enter, ou seja

o Repetir o passo 5 a 8 vezes.

Resultados esperados: Analisar a página web. As palavras-chave da lista negra devem ser substituídas por ***

Resultado: Para o passo 3 foi igual ao esperado.

Resultado: Aprovado

Nome: Gestão de políticas.

Descrição: Introduzirá os URLs e as palavras-chave a bloquear através do sítio Web.

Pré-condição: O sistema está corretamente instalado, sem erros e o sítio Web está a funcionar corretamente.

Valores de entrada: O utilizador final tem de introduzir endereços Web e palavras-chave válidos na caixa de texto de seleção de categoria.

Passos:

1.	Abrir a página Web.

2.	Iniciar sessão como administrador.

3.	Aceda ao menu Introduzir URL e introduza o URL que pretende bloquear.

4.	Aceda ao menu "Introduzir palavra-chave" e introduza as palavras-chave que pretende bloquear.

Resultado esperado: Os URLs e palavras-chave introduzidos pelo utilizador devem ser adicionados aos ficheiros da lista negra no servidor proxy.

Resultado: Para os passos 3 e 4, o resultado foi o mesmo que o esperado.

Resultado: Aprovado

6.3 Teste de caixa branca (caixa branca):

A entidade de software é vista como uma "caixa branca". A seleção dos casos de teste baseia-se na

implementação da entidade de software, numa base de módulo a módulo.

6.3.1　Caso de teste nº. B01

Nome: Obter tráfego.

Descrição: Obterá o tráfego local no servidor proxy.

Pré-condição: O servidor proxy deve estar a funcionar.

Valores de entrada:O utilizador final tem de introduzir um endereço Web válido.

Passos:

1.　　　Abrir o navegador Web.

2.　　　Introduza um endereço Web válido na barra de endereço.

3.　　　Obter o tráfego no servidor proxy local.

Resultado esperado: O sistema funciona como proxy e envia e recebe o tráfego html como gateway.

Resultado: Para o passo 3, o resultado foi o mesmo que o esperado.

Resultado: Aprovado

6.3.2   Caso de teste nº. B02

Nome: Obter URL.

Descrição: Obtém o tráfego local no servidor proxy e extrai o URL do mesmo.

Pré-condição: O servidor proxy deve estar a funcionar.

Valores de entrada: O utilizador final tem de introduzir um endereço Web válido.

Passos:

1.   Abrir o navegador Web.

2.   Introduza um endereço Web válido na barra de endereço.

3.   Obter o tráfego no servidor proxy local.

4.   Extraia o URL do tráfego e apresente-o na consola.

Resultados esperados: O sistema funciona como proxy e envia e recebe o tráfego html como gateway e extrai o endereço URL do tráfego.

Resultado: Para o passo 4, o resultado não foi o mesmo que o esperado.

Resultado: Reprovado

Nome: Obter URL.

Descrição: Obtém o tráfego local no servidor proxy e extrai o URL do mesmo.

Pré-condição: O servidor proxy deve estar a funcionar.

Valores de entrada: O utilizador final tem de introduzir um endereço Web válido.

Passos:

1.   Abrir o navegador Web.

2.   Introduza um endereço Web válido na barra de endereço.

3.   Obter o tráfego no servidor proxy local.

4.   Extraia o URL do tráfego e apresente-o na consola.

Resultados esperados: O sistema funciona como proxy e envia e recebe o tráfego html como gateway e extrai o endereço URL do tráfego.

Resultado: Para o passo 4, o resultado foi o mesmo que o esperado.

Resultado: Aprovado

Nome: HTML Resposta.

Descrição: Envia um pedido http e verifica a resposta do pedido.

Pré-condição: As funções proxy, get_traffic() e getURL() devem estar a funcionar.

Valores de entrada: O utilizador final tem de introduzir um endereço Web válido.

Passos:

5.   Abrir o navegador Web.

6.   Introduza um endereço Web válido na barra de endereço.

7.   Obter o tráfego no servidor proxy local.

8.   Extrair o url.

9.   Enviar o tráfego para o servidor Web.

10.   Obter a resposta do servidor Web e enviá-la ao utilizador.

Resultado esperado: O sistema funciona como proxy e envia e recebe o tráfego html como gateway.

Resultado: Para o passo 6, o resultado foi o mesmo que o esperado.

Resultado: Aprovado

Nome: Ligação à base de dados.

Descrição: Obtém os dados da base de dados do URL e da filtragem de conteúdos.

Pré-condição: O servidor proxy deve estar a funcionar, mas esta classe funciona de forma independente.

Valores de entrada: Não é necessária qualquer entrada.

Passos:

1.   Executar o sistema e ligar à base de dados.
2.   Ler todos os URLs e palavras-chave da base de dados e apresentar na consola.

Resultado esperado: Obterá os dados da base de dados e apresentá-los-á na consola

Resultado: Para o passo 2, o resultado foi o mesmo que o esperado.

Resultado: Aprovado

Nome: Analisador HTML.

Descrição: Limpa o html para a filtragem de conteúdos.

Condição prévia: O módulo de resposta HTML deve funcionar corretamente.

Valores de entrada: Um endereço Web necessário para introduzir.

Passos:

1. Obter todo o tráfego http
2. Extrair o HTML do mesmo
3. Remover as etiquetas HTML e limpar o texto

Resultado esperado: Ele obterá os dados dos pacotes http e removerá todas as tags de HTML e apresentar o resultado na consola em formato de texto puro

Resultado: Para o passo 3, o resultado foi o mesmo que o esperado.

Resultado: Aprovado

Nome: Autenticação.

Descrição: O administrador inicia sessão no sistema e o sistema verifica a identidade do administrador.

Condição prévia: A aplicação web URL FiBat está a funcionar corretamente.

Valores de entrada: Nome de utilizador e palavra-passe.

Passos:

1.   Introduza o nome de utilizador e a respectiva palavra-passe.

2.   O hash da palavra-passe é calculado.

3.   O nome de utilizador e a respectiva palavra-passe com hash são enviados para o servidor MySQL.

4.   O hash da palavra-passe é comparado com o hash já calculado da palavra-passe com o nome de utilizador fornecido para efeitos de autenticação.

Resultado esperado:O hash da palavra-passe introduzida corresponde ao hash fornecido na base de dados para autenticar o utilizador.

Resultado: Para o passo 4, o resultado foi o mesmo que o esperado.

Resultado: Aprovado

Nome: Substituir palavras-chave.

Descrição: Limpa o html para a filtragem de conteúdos.

Condição prévia: O módulo de resposta HTML deve funcionar corretamente.

Valores de entrada: Um endereço Web necessário para introduzir.

Passos:

1.	Obter todo o tráfego http

2.	Extrair o HTML do mesmo

3.	Remover as etiquetas HTML e limpar o texto

4.	Analise o texto para a pesquisa de palavras-chave e substitua as palavras-chave da lista negra por

***.

Resultado esperado: As palavras-chave introduzidas na lista negra devem ser substituídas por ***.

Resultado: Para o passo 4, o resultado foi o mesmo que o esperado.

Resultado: Aprovado

Nome: Http Código de estado.
Descrição: Envia o feedback do pedido web http.
Condição prévia: O sistema deve funcionar corretamente.
Valores de entrada:A página Web filtrada ou a página de bloco é a entrada do sistema.
Passos:
1.   Construir o pacote http com um código de estado válido
2.   404 se a página não for encontrada
3.   505 se a página estiver bloqueada
Resultado esperado: O sistema constrói o cabeçalho http e responde ao pedido http.
Resultado: O resultado foi o mesmo que o esperado.
Resultado: Aprovado

6.4 Ensaio de caraterísticas não funcionais:
6.4.1   Caso de teste nº. C01

Nome: Interface Web

Descrição: Testará se todas as hiperligações fornecidas no sítio Web estão a responder.

Condição prévia: O utilizador solicita o sítio Web.

Valores de entrada: Navegação para todas as hiperligações mostradas pelo utilizador.

Passos:

1.   Abrir o sítio Web.

2.   Navegar por todas as hiperligações apresentadas.

3.   Para todas as hiperligações, é necessário abrir uma nova página ou separador.

Resultado esperado: Todas as hiperligações abrem uma página com significado e nenhuma das

hiperligações está morta.

Saída: Para o passo 3, o resultado foi o mesmo que o esperado.

Resultado: Aprovado

Nome: Interface Web

Descrição: Testará se a interface Web é de fácil utilização.

Condição prévia: O utilizador solicita o sítio Web.

Valores de entrada: Navegação para todas as hiperligações mostradas pelo utilizador.

Passos:

1.	Abrir o sítio Web.

2.	Navegar por todas as hiperligações apresentadas.

3.	Para todas as hiperligações, é necessário abrir uma nova página ou separador.

4.	O sítio Web deve apresentar o mapa do sítio.

5.	O utilizador não deve ter dificuldade em encontrar qualquer item ou página e o sítio Web deve ser auto-explicativo.

6.	O esquema de cores do sítio Web é suave e não incomoda os olhos do utilizador. **Resultados esperados:** O utilizador deve achar fácil navegar e voltar às diferentes páginas e a interface deve ser de fácil utilização.

Saída: Para os passos 4, 5 e 6, o resultado foi o mesmo que o esperado.

Resultado: Aprovado

Nome: Acesso remoto ao sítio Web

Descrição: Testará se o administrador pode aceder ao sítio Web a partir de qualquer sistema na rede.

Condição prévia: O administrador implementa o URL-FiBat na sua rede.

Valores de entrada: O utilizador solicita o sítio Web a partir de um computador remoto (que não o servidor) na rede.

Passos:

1.   O utilizador faz um pedido ao sítio Web do URL-FiBat a partir de um computador remoto.

2.   O sítio Web abre-se e o administrador pode iniciar sessão.

3.   O administrador pode alterar as políticas de filtragem.

Resultados esperados: O administrador deve poder aceder ao sítio Web e deve poder alterar as políticas de filtragem a partir de qualquer computador remoto no sítio Web.

Saída: Para os passos 3 e 4, o resultado foi o mesmo que o esperado.

Resultado: Aprovado

Capítulo 7: Conclusão e trabalho futuro

O URL FiBat é um servidor proxy que permite ao administrador da rede introduzir as políticas de acordo com as quais pretende filtrar o tráfego de rede que chega aos utilizadores do seu domínio. Para além disso, a filtragem de conteúdos com base em texto é outra das capacidades do URL-FiBat para bloquear as palavras-chave indesejadas que aparecem na página Web.

O nosso objetivo era filtrar os URL e o conteúdo do sítio Web de acordo com as políticas. O sistema recebe uma lista negra de URLs e palavras-chave. Em seguida, captura os pedidos HTTP feitos pelos utilizadores. No regresso do pedido Web, quando uma página é obtida pelo servidor, é efectuada a filtragem do conteúdo da página com base no texto. Todas as palavras-chave da lista negra que aparecem na página Web são substituídas pelo ***. Além disso, o sistema permite o acesso remoto ao administrador através da aplicação Web. Todos estes objectivos são alcançados pelo sistema, testado sob restrições e num determinado ambiente.

O URL-FiBat é personalizável. Pode ser implementado numa rede e também pode ser utilizado por um cliente autónomo, mediante uma pequena personalização, no seu PC para controlo parental. O sistema pode ser convertido num servidor DNS e pode ser implementado num ISP. Pode ser modificado e utilizado num ambiente distribuído como filtros agrupados para que o peso de todo o tráfego não recaia sobre um único filtro numa grande rede.

    # MANUAL DO UTILIZADOR

INSTALAÇÃO DA APLICAÇÃO

1.1   Tarefas do ADMINISTRADOR

1.1.1   Extrair do arquivo .ZIP

Para além da documentação do utilizador, o ficheiro URL FiBat.ZIP contém todo o código necessário para ser

executado no seu sistema.

1.1.2   Instalar o servidor dos Serviços de Informação Internet (IIS)

Passos:

- Aceda ao painel de controlo do Windows.

- Selecionar programas e funcionalidades

- Selecione ativar ou desativar as funções da janela no lado esquerdo

- Selecionar serviço/servidor de informações da Internet e marcar esta opção

- Selecionar mais serviços da World Wide Web

- Selecione Caraterísticas de desenvolvimento de aplicações e marque todas as caixas de verificação.

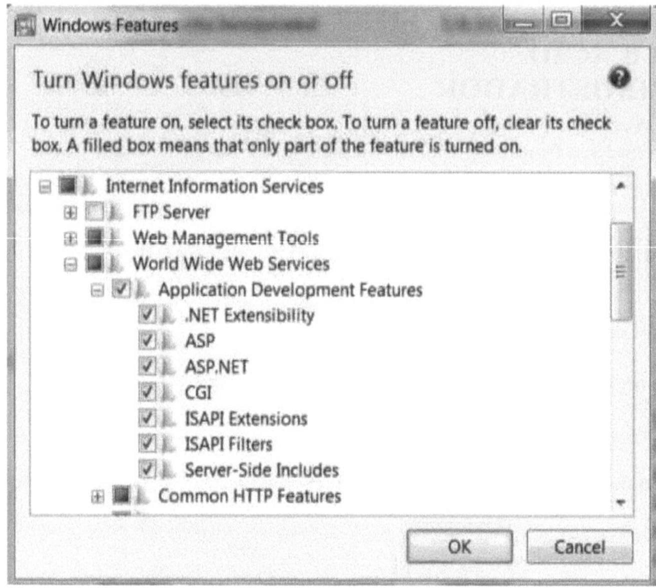

Figura 8.1 Configuração do IIS

1.1.3 Ativar ou iniciar o gestor do IIS

Passos:

- Aceder ao painel de controlo do Windows
- Selecionar Ferramentas Administrativas
- Aceder ao Gestor dos Serviços de Informação Internet (IIS)
- Iniciar o Manager Server no lado direito.

1.1.4 Iniciar o sítio Web

Após a configuração, coloque o código e extraia-o no seguinte diretório do IIS \IIS\wwwroot\

1.1.5 Definir o ficheiro de configuração

Definir o ficheiro de configuração num diretório definir o caminho da Base de Dados URL para C:\URL\Database\

1.2 APLICAÇÃO INICIAL

Início do URL-Fibat

1. Abrir o ficheiro de configuração
2. Definir o endereço IP e o número da porta e guardar o ficheiro
3. Agora clique no botão Iniciar
4. Clicar em executar
5. Escreva cmd na caixa de texto e prima enter. Será aberta uma janela de linha de comandos.
6. Definir o diretório URL-FiBat utilizando o comando "cd"
7. Definir o caminho do java através do comando set path="Caminho do java bin"
8. Agora escreva o comando "java -jar URL-Fibatjar

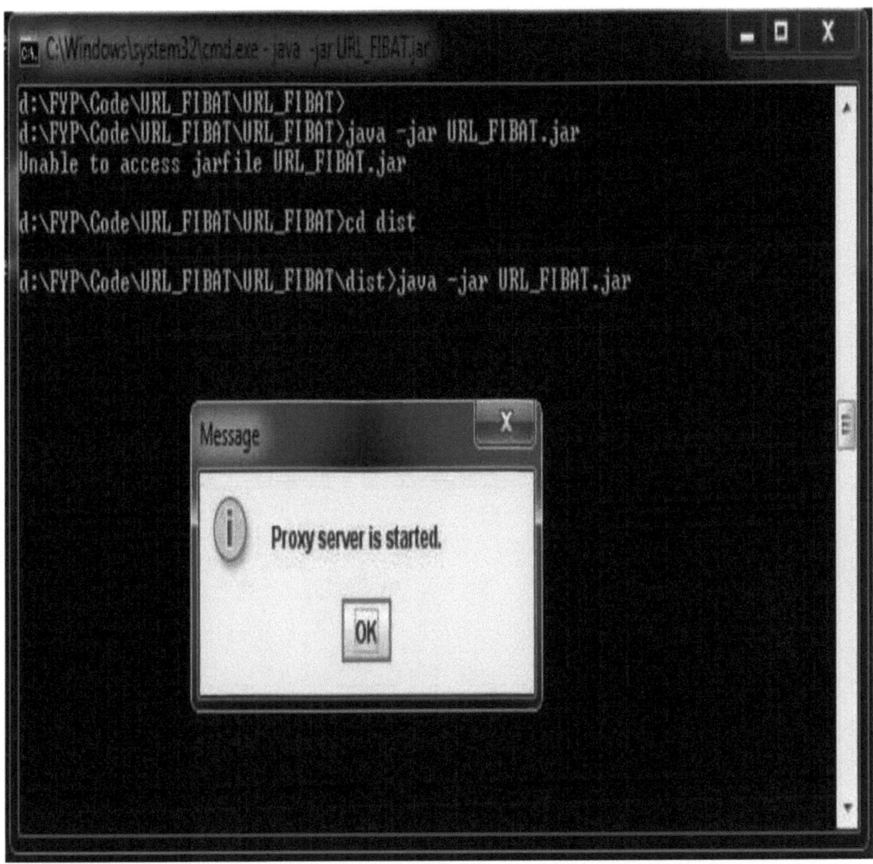

Figura 8.2 Iniciar a aplicação

1. Inicie o sítio Web a partir do localhost.

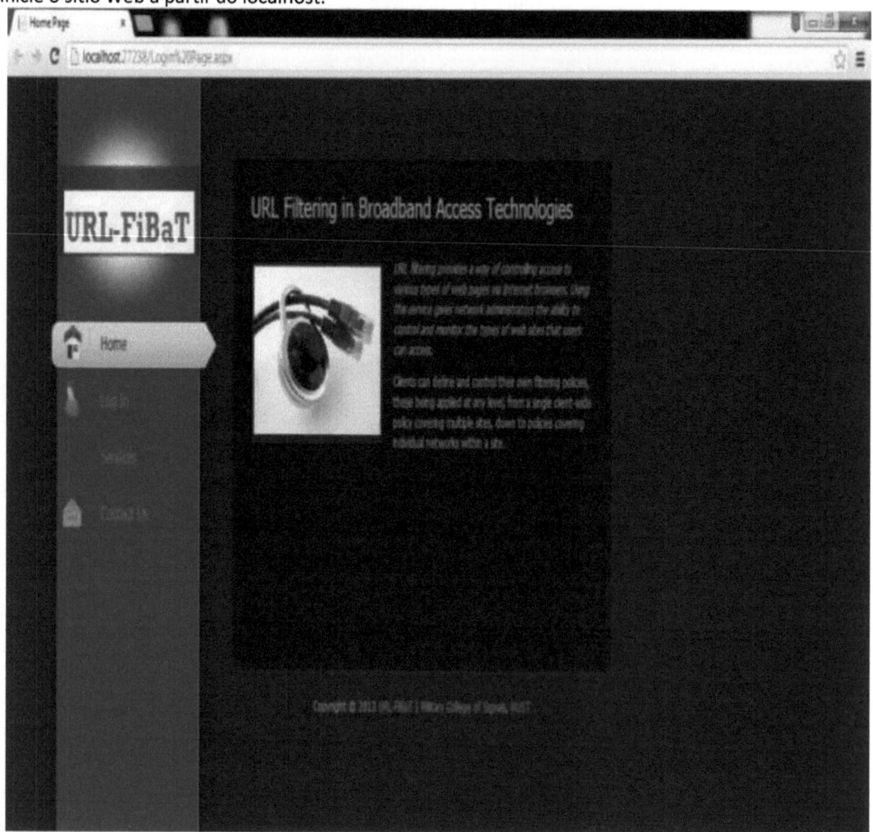

Figura 8.3 Sítio Web

2. Inicie sessão como administrador do sistema para introduzir as políticas de filtragem.

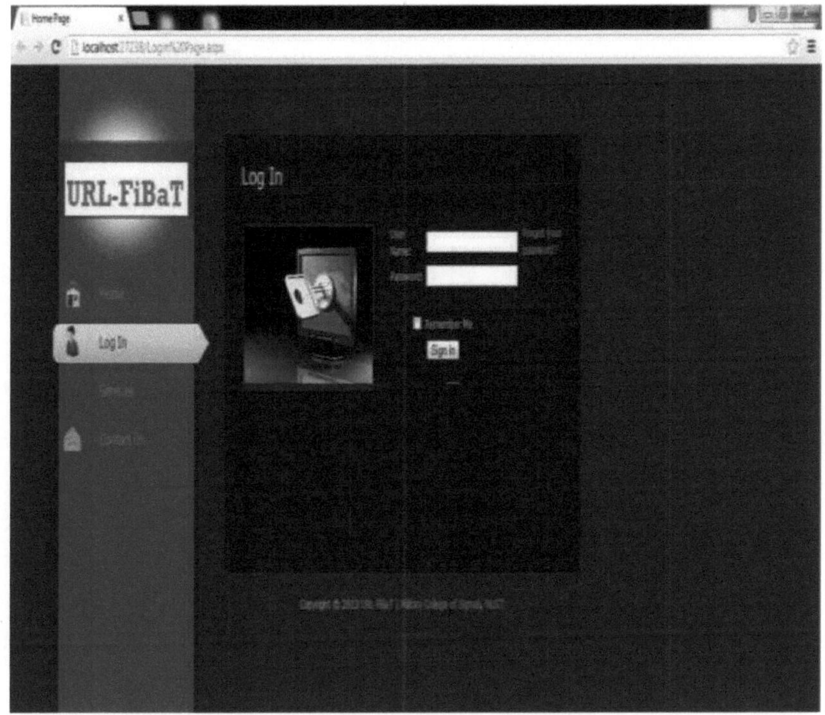

Figura 8.4 Página de início de sessão

3. Selecione a categoria pretendida que pretende filtrar.

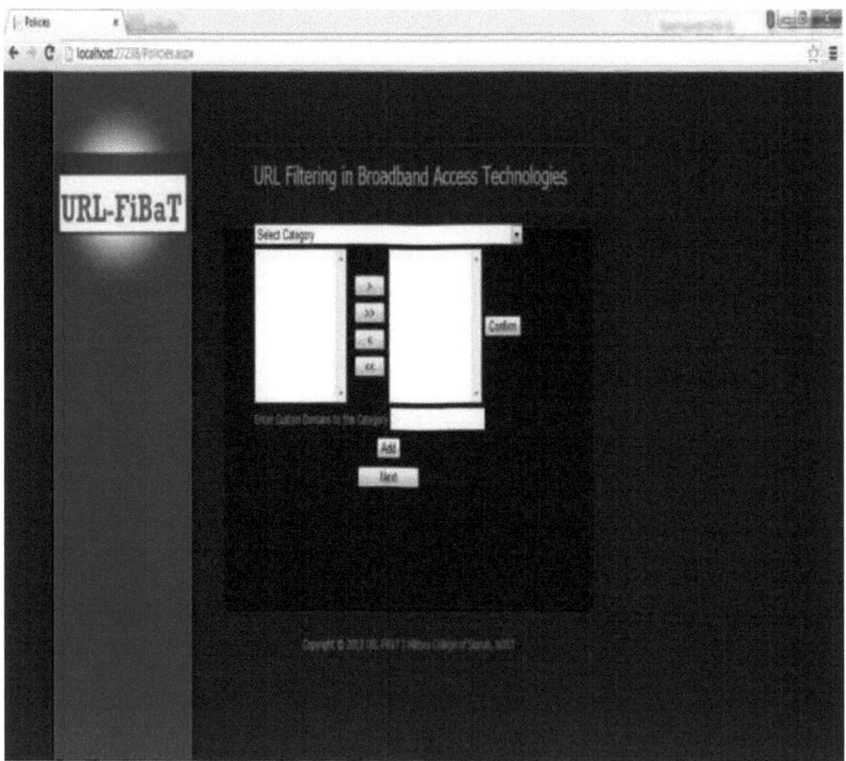

Figura 8.5 Gestão de políticas

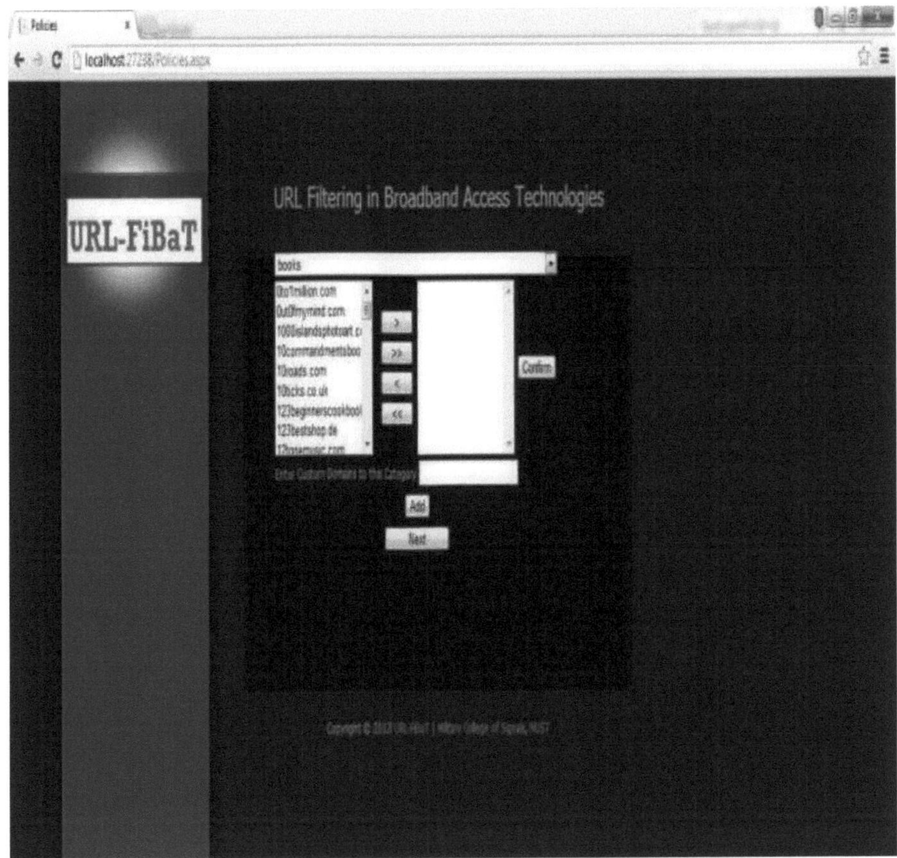

Figura 8.6 Gestão de conteúdos de políticas

4. Introduza as palavras-chave que pretende ocultar dos leitores.

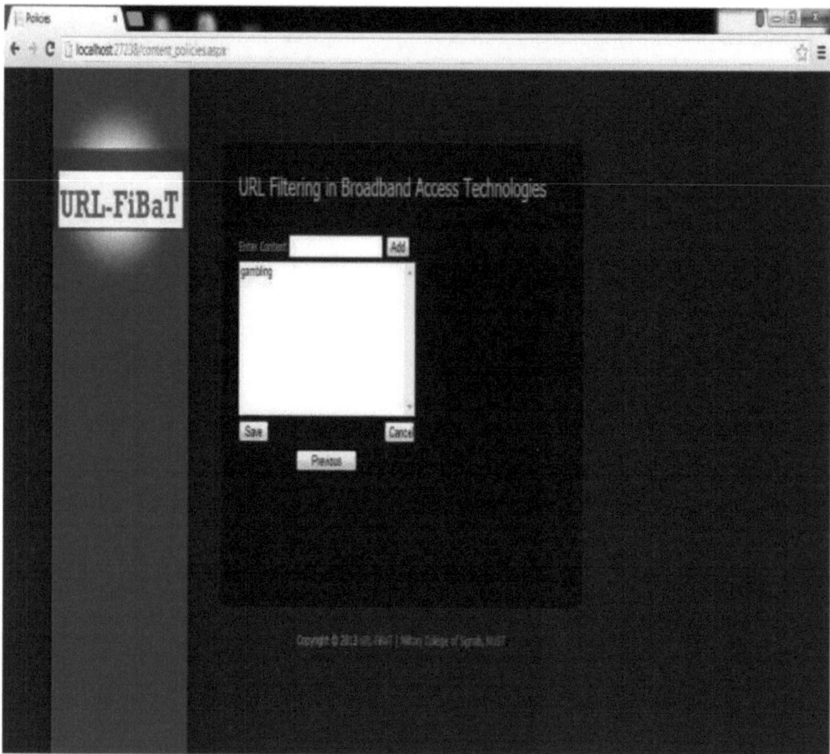

Figura 8.7 Inserção de palavras-chave

5. Como utilizador final, uma pessoa pode dar o seu feedback ao administrador do sistema.

URL FiBat	Filtragem de URL em tecnologias de acesso de banda larga
HTML	Linguagem de marcação de hipertexto
HTTP	Controlo da transmissão de hipertexto
DNS	Servidor de nomes de domínio
URL	Localizador Uniforme de Recursos
IP	Protocolo Internet
SDLC	Ciclo de vida do desenvolvimento de software
UDP	Protocolo de Datagrama do Utilizador

APPENDIX C: **REFERÊNCIAS**

1.   J.M. Boyce e R. D. Gaglianello. Packet loss effects on MPEG video sent over the public Internet. Em *Proc. ACM Multimedia*, setembro de 1998

2.   Derek Eager, Mary Vernon e John Zahorjan. Minimizando os requisitos de largura de banda para entrega de dados sob demanda. Em *Proc. 5th Inter. Workshop sobre Sistemas de Informação Multimédia*, outubro de 1999.

3.   Dmitri Loguinov e HayderRadha. Estudo de medição de streaming de vídeo na Internet com baixa taxa de bits. Em *Proc. ACM SIGCOMM Internet Measurement Workshop*, novembro de 2001.

4.   http://web.cs.wpi.edu/~claypool/courses/525-S02/slides/LR01.pdf

5.   Thomas Wiegand, Gary J. Sullivan, Membro Sénior, IEEE, GisleBj0ntegaard e Ajay Luthra, Membro Sénior, IEEE. Em *Proc. IEEE TRANSACTIONS ON CIRCUITS AND SYSTEMS FOR VIDEO TECHNOLOGY*, VOL. 13, NO. 7,JULHO 2003

6.   Gary J. Sullivan, PankajTopiwala e Ajay Luthr. A norma de codificação vídeo avançada H.264/AVC: Overview and Introduction to the Fidelity Range Extensions (Visão geral e introdução às extensões do intervalo de fidelidade). In *Proc. e SPIE Conference on Applications of Digital Image Processing XXVII Special Session on Advances in the New Emerging Standard: H.264/AVC*, agosto de 2004

7.   Dialogic Corporation. (2009). Vídeo Móvel - Uma Nova Oportunidade. http://www5.dialogic.com/products/docs/whitepapers/11296-mobile-video- wp.pdf